Made in the USA
Las Vegas, NV
09 November 2021

34095624R00066